Ricky Roogle

Das Crewmates Ausmalbuch
für Am@ng.us Fans

Bibliografische Information der Deutschen Nationalbibliothek:
Die Deutsche Nationalbibliothek verzeichnet diese Publikation in der Deutschen Nationalbibliografie; detaillierte bibliografische Daten sind im Internet über http://dnb.dnb.de abrufbar.

Covergrafik, Texte & Illustrationen © 2021 Rícky Roogle
Kontakt Autor: ricky.roogle@t-online.de

Herstellung und Verlag: BoD – Books on Demand, Norderstedt

ISBN: 9783752622669

Crewmate

There is 1 Impostor among us

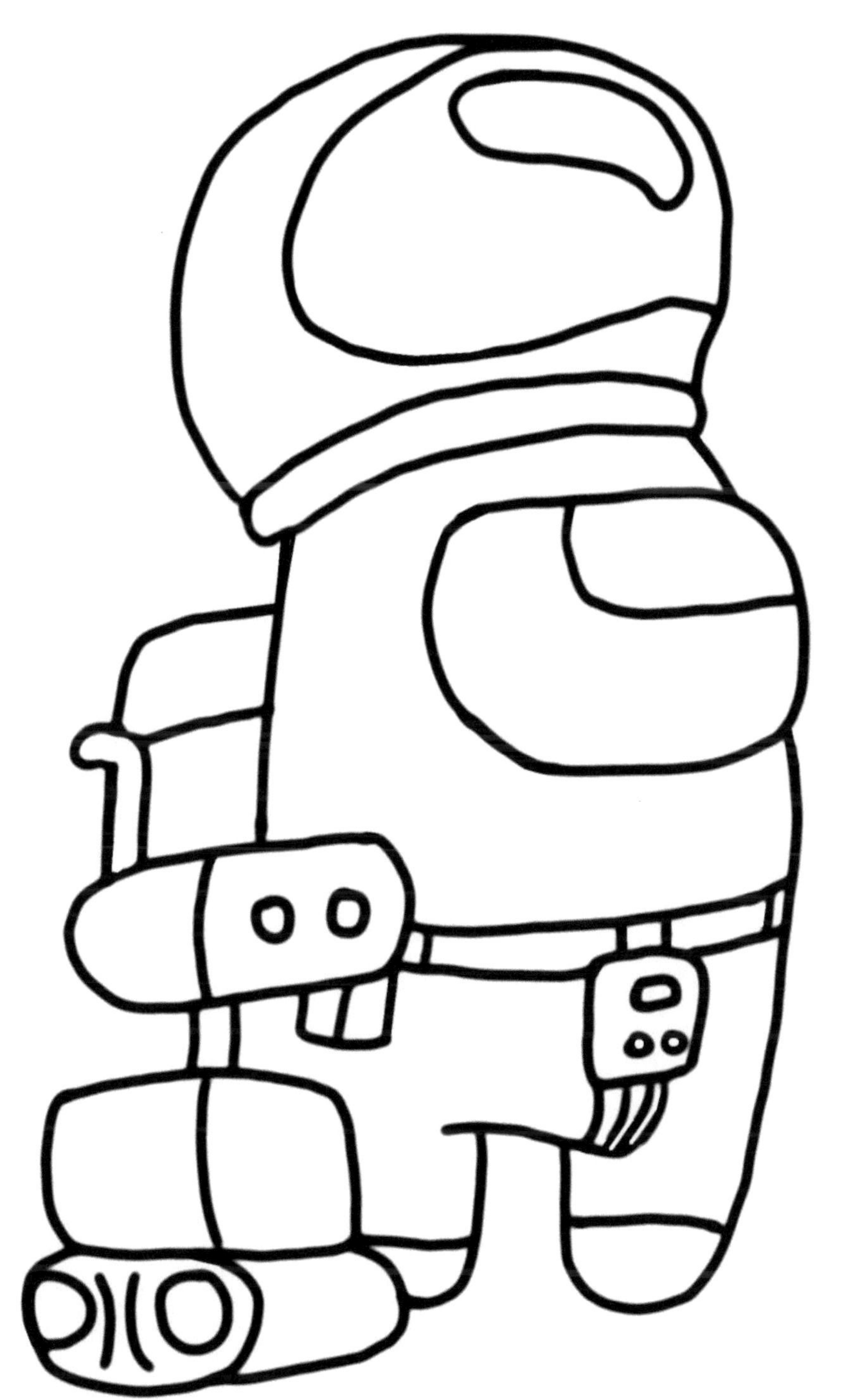

SABOTAGE

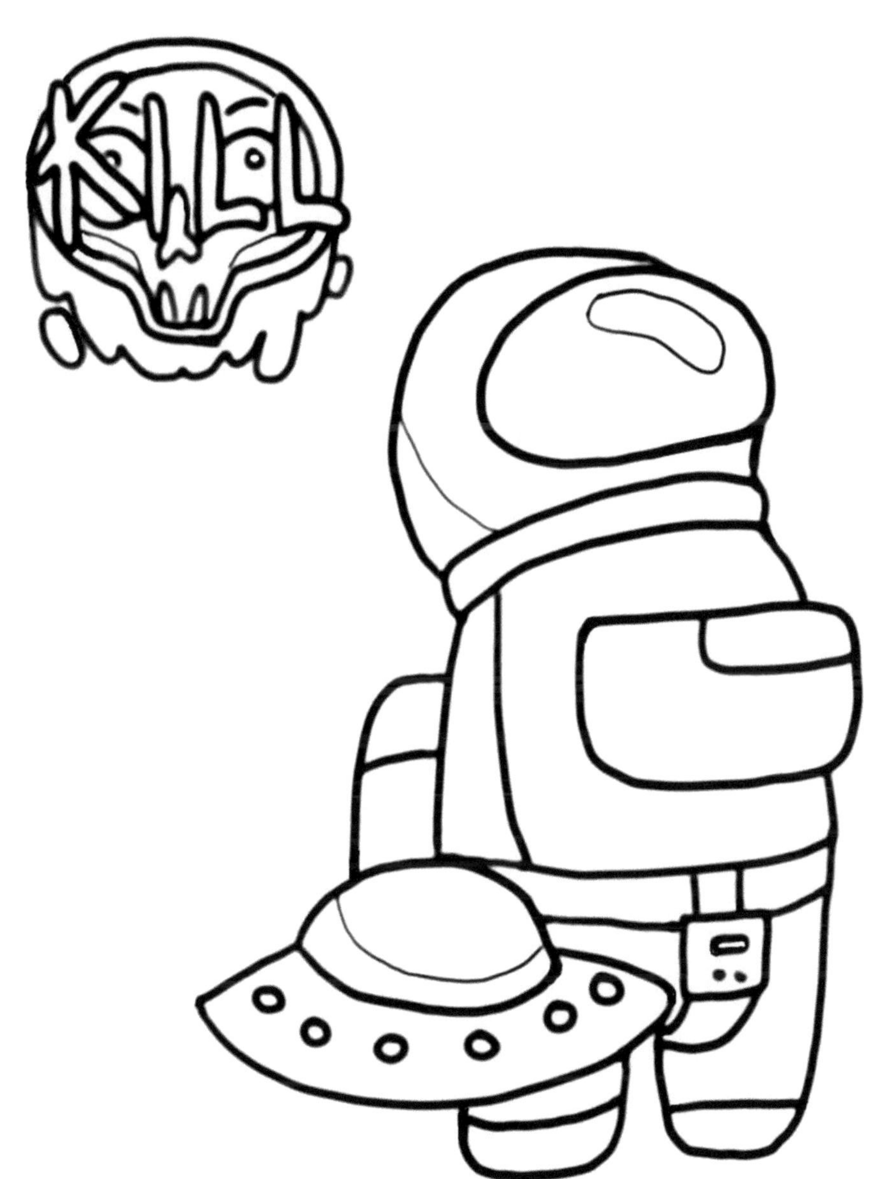

REPORT

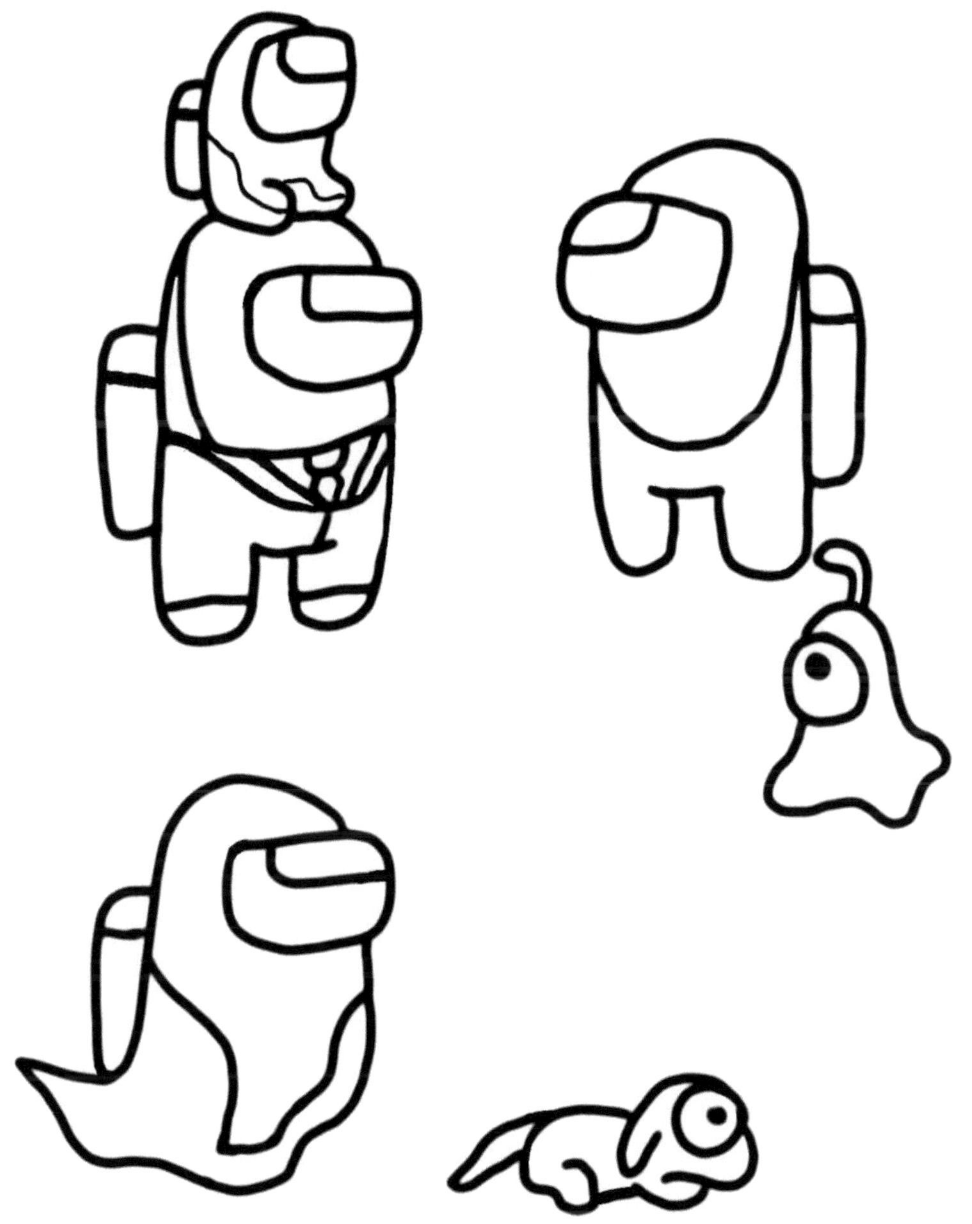

Das
SUPER
AUSMALBUCH
für Among.us Fans

Das
CREWMATES
AUSMALBUCH
für Among.us Fans

Das
SUPER
LABYRINTHE
BUCH
für Among.us Fans

PASSWORT
LOGBUCH
für Among.us Fans

Das
MATHE
AUSMALBUCH
für Among.us Fans

WIE MAN
SKINS
ZEICHNET
für Among.us Fans

Das
WORTSUCHRÄTSEL
BUCH
für Among.us Fans

Das
SUPER
QUIZBUCH
für Among.us Fans
QUIZ

CARTOONS
und WITZE
für Among.us Fans
WTF!

Notizbuch

Crewmate Notizbuch

Impostor
Notizbuch